GATEAUX ET BISCUITS

Fiona Watt
Maquette : Mary Cartwright
Illustrations : Kim Lane
Photographies : Howard Allman
Recettes : Julia Kirby-Jones

Recettes réalisées par Ricky Turner et Lizzie Harris
Illustration de couverture : Christyan Fox
Traduction : Roxane Jacobs

Sommaire

Avant de commencer

Avant de te lancer dans la préparation de gâteaux, lis les conseils suivants. Chaque recette te fournit une liste des ingrédients : assure-toi que tu les as tous réunis au moment où tu entames la préparation.

Bien souvent, en cuisine, on peut remplacer ou omettre un ingrédient. Mais ce n'est pas le cas lorsqu'on fait de la pâtisserie. Il faut doser les ingrédients avec précision et utiliser un moule de la bonne taille. Sinon, le résultat final n'est pas garanti !

Sors toujours le beurre ou la margarine du réfrigérateur 30 minutes avant de t'en servir, sauf indication contraire dans la recette.

Sauf indication contraire dans la recette, utilise toujours des œufs de calibre moyen.

Le dosage à la cuiller s'effectue avec des cuillerées rases.

Matériel

Utilise un moule à gâteau de la forme et de la taille conseillées. Si tu prends une autre taille, les proportions ne correspondront plus.

Plaques à pâtisserie

Les biscuits dans ce livre sont cuits au four, sur des plaques à pâtisserie. Espace les biscuits pour les mettre à cuire, car ils ont tendance à gonfler. Lorsque tu utilises deux plaques, place-les l'une au-dessus de l'autre dans le four. Laisse les biscuits du haut cuire pendant la durée indiquée puis sors la plaque. Monte celle du bas et laisse cuire jusqu'à ce que les biscuits soient prêts.

Le four

Allume ton four lorsque la recette te conseille de le faire, afin qu'il préchauffe. Si tu as un four à chaleur tournante, tu devras baisser un peu la température ou écourter le temps de cuisson. Reporte-toi au mode d'emploi pour plus de précisions.

Préparation des moules

Tu dois graisser le moule à gâteau ou la plaque à pâtisserie pour empêcher le gâteau ou les biscuits de coller une fois qu'ils sont cuits. Pour certaines recettes, tu dois tapisser le moule de papier sulfurisé ou le saupoudrer de farine.

Graisse fond et parois.

Graisse le moule avec du papier absorbant trempé dans du beurre ramolli ou de la margarine.

Quelle hauteur ?

Sauf indication contraire, enfourne ton gâteau ou les biscuits à mi-hauteur. Pense à mettre la grille en place avant d'allumer le four. Ne laisse pas de grille vide au-dessus.

Laisser refroidir

N'oublie jamais d'enfiler des gants isolants pour sortir un plat du four. Laisse les gâteaux et les biscuits tiédir quelques minutes dans le moule ou sur la plaque. Puis démoule-les sur une grille et laisse-les bien refroidir.

Pour sortir un gâteau d'un moule à fond amovible, pose le moule sur une boîte de conserve et fais glisser la partie circulaire vers le bas.

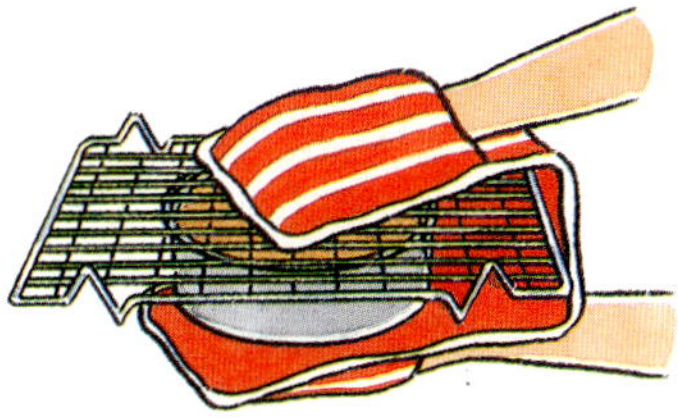

Pour sortir un gâteau d'un moule à manqué, place une grille dessus et retourne le moule pour faire tomber le gâteau.

Conseils pratiques

Voici quelques conseils pratiques et des astuces qui t'aideront à réussir les recettes de ce livre. Tu en trouveras d'autres tout le long de l'ouvrage.

Casser un œuf

1. Casse l'oeuf d'un coup sec sur le bord d'une tasse ou d'un bol. Glisse les pouces dans la fente et ouvre l'oeuf en deux.

2. Casse l'oeuf dans un bol à part avant de l'incorporer à ta préparation. Tu pourras ainsi enlever plus facilement les morceaux de coquille.

Séparer le blanc du jaune

Le jaune doit rester entier.

1. Il te faudra une jatte et une soucoupe. Casse l'oeuf sur le bord de la jatte et verse-le doucement sur la soucoupe.

Garde le jaune dans la soucoupe.

2. Pose doucement un coquetier sur le jaune. Puis incline la soucoupe au-dessus de la jatte afin d'y verser le blanc.

Si la jatte ou le fouet sont gras, les blancs d'œuf ne monteront pas en neige.

Si tu montes des blancs en neige, assure-toi que la jatte et le fouet sont propres et secs avant de commencer (voir page 29).

Battre les œufs

Sers-toi d'une fourchette.

Pour battre des oeufs, tu peux utiliser une fourchette au lieu d'un fouet. Bats-les pour obtenir un mélange homogène.

Battre une préparation

1. Avant de commencer à battre, il est conseillé de placer le saladier sur un torchon humide pour qu'il ne glisse pas.

2. Bats vigoureusement avec une cuiller en bois ou un fouet pour obtenir une préparation aussi lisse et onctueuse que possible.

Tamiser

Place le tamis au-dessus du saladier et verse la farine. Si c'est de la farine complète, verse le son restant dans le tamis dans le saladier.

Incorporer le beurre dans la farine

1. Coupe le beurre en dés et mélange-les avec la farine. Remue jusqu'à ce que chaque morceau soit enrobé de farine.

2. Écrase les morceaux du bout des doigts. Soulève le mélange et fais-le retomber en pluie plusieurs fois : il doit ressembler à de la chapelure.

Étaler la pâte

1. Farine un plan de travail propre et sec. Dispose la pâte, puis saupoudre de farine le rouleau à pâtisserie.

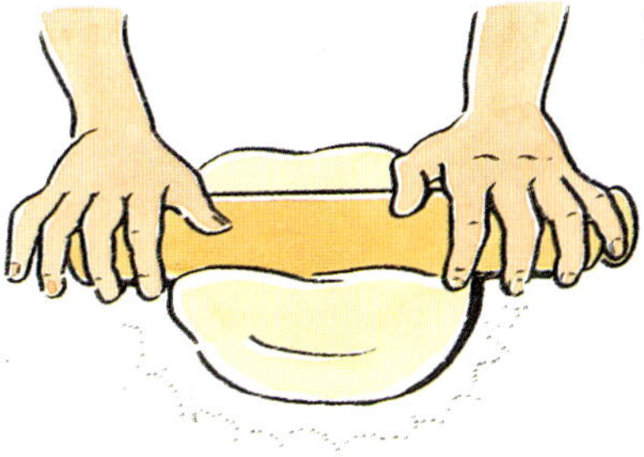

2. Fais rouler celui-ci en le poussant devant toi. Puis déplace la pâte d'un quart de tour et passe de nouveau le rouleau dessus.

3. Répète ces mouvements plusieurs fois jusqu'à ce que tu obtiennes un cercle de l'épaisseur indiquée dans la recette.

Faire fondre du chocolat

1. Chauffe 2,5 cm d'eau dans une casserole jusqu'à ce qu'elle frémisse. Casse le chocolat dans un saladier résistant à la chaleur.

2. Enfile des gants isolants pour poser avec précaution le saladier dans l'eau. C'est la chaleur de l'eau qui fait fondre le chocolat.

Tester la cuisson

Le temps de cuisson écoulé, vérifie que le gâteau est cuit. Appuie au milieu. S'il est ferme et reprend sa forme initiale, il est cuit.

Cookies aux cacahuètes

Pour 12 cookies

50 g de beurre ou de margarine
75 g de cassonade
100 g de beurre de cacahuètes
50 g de farine avec poudre
levante incorporée
50 g de flocons d'avoine
1 oeuf moyen

Pour garnir : 50 g de
cacahuètes grillées
sans sel

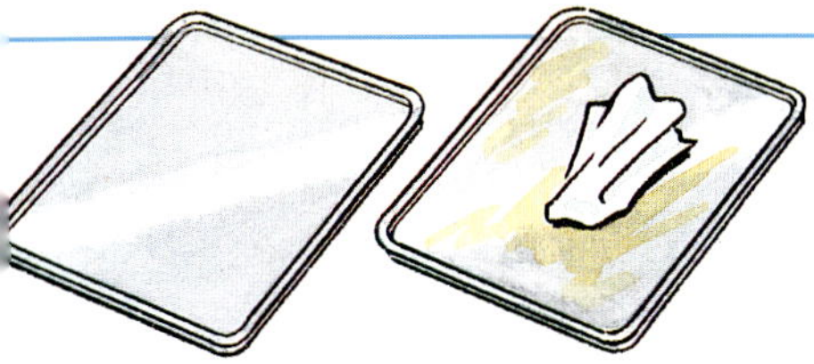

1. Graisse deux plaques à pâtisserie avec du beurre ou de la margarine. Préchauffe le four à 170 °C, thermostat 5-6.

2. Mets le beurre dans un saladier. Ajoute le sucre et le beurre de cacahuètes. Bats bien, pour obtenir un mélange léger et lisse.

3. Pose le tamis sur le saladier et verses-y la farine. Ajoute les flocons d'avoine à la préparation et mélange bien.

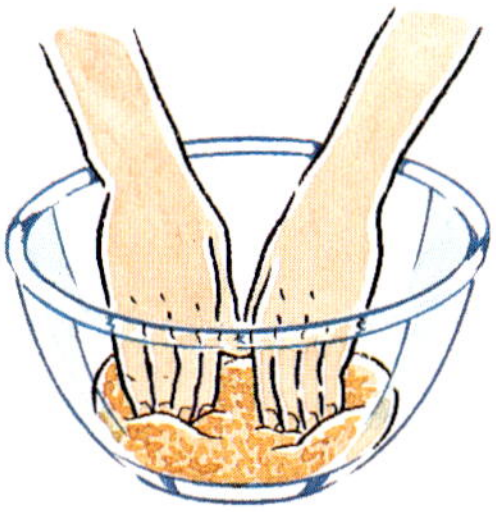

4. Pétris la pâte avec les doigts, plie-la en deux et pétris-la de nouveau. Répète jusqu'à obtention d'une pâte malléable.

5. Coupe la pâte en quatre, puis chaque quart en trois, pour obtenir douze parts égales. Roule chaque part en boule.

6. Dispose les boules sur les plaques à pâtisserie en les écartant bien les unes des autres. Aplatis-les d'une main.

7. Casse l'oeuf dans un bol et bats-le à l'aide d'une fourchette. Badigeonne chaque cookie d'un peu d'oeuf battu.

8. Coupe les cacahuètes en petits morceaux et verse-les en pluie sur chaque biscuit : ils viendront se coller sur l'oeuf.

9. Fais cuire les biscuits 15 minutes, jusqu'à ce qu'ils soient dorés. Laisse-les tiédir sur les plaques, puis transfère-les sur une grille.

Croustillants

Pour 8 parts

200 g de chocolat noir
3 cuillerées à soupe de miel liquide
50 g de margarine
100 g de corn-flakes
un moule peu profond de 20 cm

1. Graisse le moule avec du beurre ou de la margarine et du papier absorbant. Étale bien la matière grasse et enlève le surplus.

2. Casse le chocolat dans une grande casserole. Ajoute le miel et la margarine. Fais chauffer doucement sans cesser de tourner.

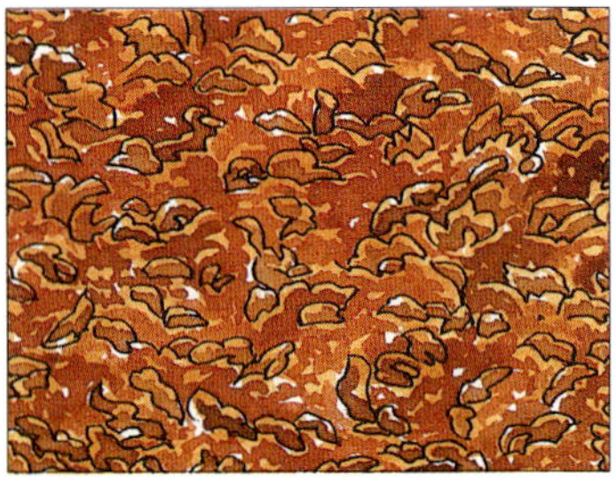

3. Lorsque le chocolat a fondu, ajoute les corn-flakes et mélange bien. Assure-toi qu'ils sont tous enrobés de chocolat.

4. Verse le mélange dans un moule. Égalise la surface avec le dos d'une cuiller. Essaie de ne pas écraser les corn-flakes.

Détache les parts avec un couteau à bout arrondi ou une pelle à tarte.

5. Mets au réfrigérateur pour faire durcir le chocolat. Il faut compter 2 heures environ. Découpe huit parts avec un couteau tranchant.

Croquants moelleux

Pour 15 parts

100 g de caramels ou de caramel en plaque
100 g de margarine
100 g de guimauves
100 g de céréales de type Rice Crispies
un moule peu profond de 27,5 x 17,5 cm

1. Graisse le moule (voir page 3). Si tu utilises un bloc de caramel, glisse-le dans un sac en plastique et brise-le avec un rouleau à pâtisserie.

Compte 15 minutes pour que la préparation fonde.

2. Mets le caramel, la margarine et les guimauves dans une grande casserole. Fais-les fondre à feu doux sans cesser de tourner.

3. Lorsque tout a fondu et que tu as bien mélangé, retire la casserole du feu. Incorpore les céréales petit à petit.

4. Verse la préparation dans le moule et tasse-la doucement avec le dos d'une cuiller métallique. Laisse durcir, puis coupe en morceaux.

Cookies au chocolat

Pour 12 biscuits

100 g de beurre ou de margarine
100 g de sucre en poudre
1 oeuf
½ cuillerée à café d'extrait de vanille
175 g de farine
175 g de pépites de chocolat

1. Graisse deux plaques à pâtisserie avec du beurre ou de la margarine (voir page 3). Préchauffe le four à 180 °C, thermostat 6.

2. Verse sucre et beurre (ou la margarine) dans un grand saladier. Bats jusqu'à obtenir une crème légère et lisse (voir page 4).

3. Casse l'oeuf dans un bol et bats-le bien. Incorpore l'extrait de vanille, puis verse cette préparation dans le saladier.

4. Tamise ensuite la farine au-dessus du saladier et mélange bien pour obtenir une pâte lisse. Ajoute 100 g de pépites de chocolat.

5. Dépose une bonne cuillerée à soupe du mélange sur une plaque. Répète la même opération onze fois, six biscuits par plaque.

6. Aplatis légèrement chaque biscuit avec le dos d'une fourchette. Verse quelques pépites de chocolat dessus.

7. Passe les biscuits au four 10 à 15 minutes. Ils seront légèrement dorés à la surface et fondants à l'intérieur.

8. Laisse reposer les cookies quelques minutes, puis transfère-les sur une grille à l'aide d'une pelle à tarte. Laisse refroidir.

Cookies aux noisettes

Pour 15 cookies

150 g de beurre ou de margarine
100 g de sucre en poudre
1 oeuf
175 g de farine
25 g de cacao en poudre
75 g de noisettes

Tu peux enfoncer une noisette entière au milieu des biscuits avant de les mettre au four.

1. Suis les étapes 1 à 3 de la page 10 en te servant des quantités indiquées ci-dessus. N'ajoute pas de vanille à l'étape 3.

2. Tamise farine et cacao au-dessus du saladier. À l'aide d'une grande cuiller, mélange bien les deux ingrédients.

3. Verse les noisettes sur une planche à découper et coupe-les en morceaux. Ajoute-les à la préparation et mélange.

Aplatis-les avec le dos d'une cuillère.

4. Dépose quinze cuillerées à soupe de la préparation sur les plaques à pâtisserie. Espace bien et aplatis légèrement.

5. Fais cuire les cookies pendant 10 à 15 minutes. Ils bruniront. Laisse-les tiédir et transfère-les sur une grille.

Sablés écossais

Pour 8 parts

150 g de farine
25 g de farine ou de semoule de riz
100 g de beurre froid
50 g de sucre en poudre
un moule peu profond de 20 cm

1. Préchauffe ton four à 150 °C, thermostat 5. Beurre l'intérieur du moule à l'aide d'un morceau de papier absorbant.

2. Place un tamis sur un saladier et verses-y la farine ainsi que la farine de riz. Secoue bien le tamis.

3. Coupe le beurre en dés et mets-les dans le saladier. Mélange avec un couteau à bout arrondi : le beurre doit être enrobé de farine.

4. Écrase les morceaux de beurre entre tes doigts. Soulève le mélange à plusieurs reprises et fais-le retomber en pluie (page 5).

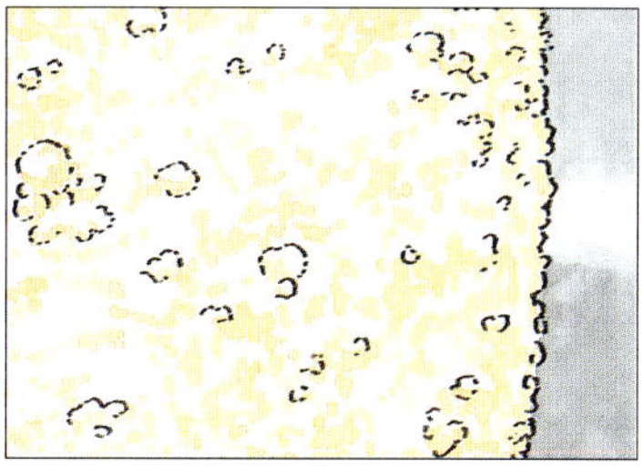

5. Continue jusqu'à ce que la préparation ressemble à de la chapelure. Ajoute le sucre et mélange avec une cuillère en bois.

6. Tiens le saladier d'une main et forme une boule de pâte avec l'autre main. La chaleur de ta main fait « prendre » la pâte.

7. Avec les doigts, tasse le mélange dans le moule, puis utilise le dos d'une cuillère pour bien égaliser la surface.

8. Trace un motif tout autour de la préparation avec les dents d'une fourchette. Puis coupe huit parts égales.

Recoupe les parts avant de démouler.

9. Fais dorer au four pendant 30 minutes. Puis laisse reposer 5 minutes avant de démouler sur une grille.

Biscuits au gingembre

Pour une vingtaine de biscuits

350 g de farine
2 cuillerées (c.) à café de gingembre en poudre
1 c. à café de bicarbonate de soude
100 g de beurre ou de margarine
175 g de cassonade
1 oeuf
4 cuillerées à soupe de miel liquide
de grands emporte-pièce

1. Mets de la margarine sur du papier absorbant et graisse deux plaques à pâtisserie. Préchauffe ton four à 190 °C, thermostat 6.

Pour le dosage du miel, suis le conseil fourni à la page suivante.

2. Tamise la farine, le bicarbonate de soude et le gingembre au-dessus d'un saladier. Coupe le beurre en morceaux et ajoute-les.

3. Incorpore le beurre du bout des doigts : le mélange doit ressembler à de la chapelure (voir page 5).

4. Ajoute la cassonade à la farine et mélange. Puis casse l'oeuf dans un bol. Ajoutes-y le miel et bats bien.

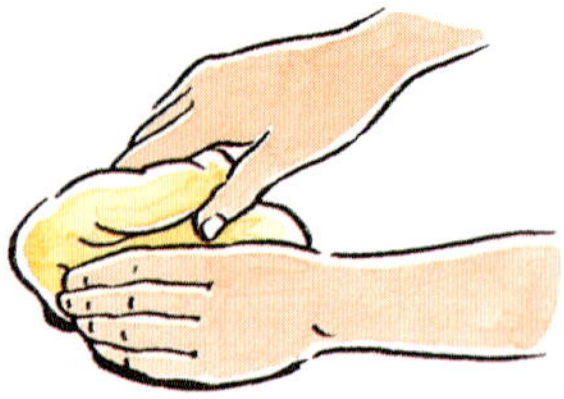

5. Incorpore l'oeuf battu à la farine. Avec une cuiller métallique, mélange bien, de façon à obtenir une pâte ferme.

6. Farine un plan de travail propre et pose la pâte dessus. Avec les mains, étire-la en la poussant devant toi.

7. Plie la pâte en deux. Retourne-la, puis étire-la de nouveau. Recommence jusqu'à ce que la pâte soit élastique.

Utilise des emporte-pièce de ton choix.

Espace les biscuits sur la plaque.

8. Coupe la pâte en deux. Remets de la farine sur le plan de travail. Étale la pâte pour obtenir une épaisseur de 5 mm.

9. Avec un emporte-pièce, découpe des biscuits dans la pâte. Transfère-les sur une plaque à l'aide d'une pelle à servir.

10. Aplatis l'autre moitié de pâte et découpe des biscuits. Avec les chutes de pâte, forme une boule. Aplatis-la et découpe d'autres biscuits.

11. Dispose ainsi tous les biscuits sur les deux plaques et fais-les cuire au four pendant 12 à 15 minutes. Ils doreront.

12. Laisse tiédir les biscuits 5 minutes sur les plaques. Transfère-les ensuite sur une grille et laisse-les refroidir complètement.

Doser le miel

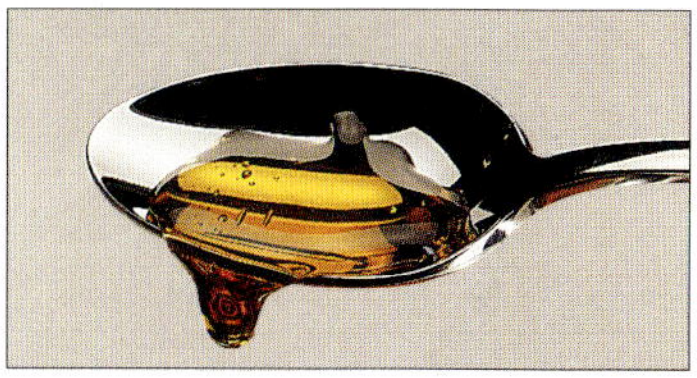

Chauffe la cuiller dans l'eau chaude avant de doser le miel. Ainsi, il coulera plus facilement de la cuiller.

Carrés à l'avoine

Pour 12 carrés

175 g de margarine
175 g de vergeoise brune
2 cuillerées à soupe de miel liquide
225 g de flocons d'avoine

un moule peu profond de 27 x 18 cm

Coupe le gâteau en carrés pendant qu'il est encore dans le moule et chaud.

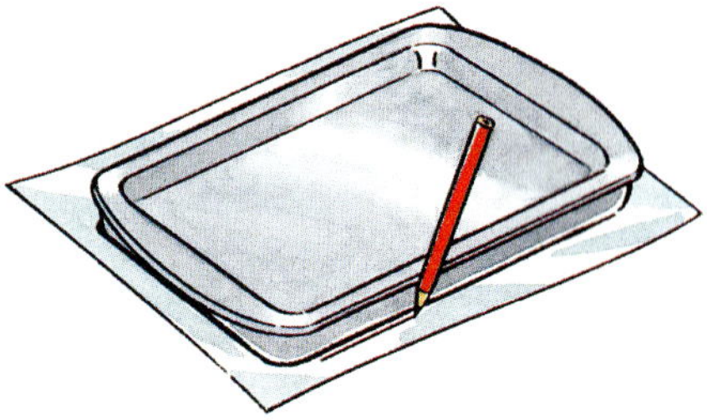

1. Pose le moule sur du papier sulfurisé et trace le contour. Découpe le rectangle en suivant l'intérieur de la ligne.

Beurre bien le moule.

2. Beurre le fond du moule et mets en place le papier sulfurisé. Beurre-le aussi. Préchauffe le four à 160 °C, thermostat 5.

3. Mets la margarine dans une grande casserole, ainsi que le sucre et le miel. Fais fondre doucement. Ne laisse pas bouillir.

4. Retire la casserole du feu. Ajoute les flocons d'avoine et tourne bien afin de les enrober du mélange.

5. Transfère la préparation dans le moule. Étale-la uniformément puis égalise la surface avec le dos d'une cuiller métallique.

6. Glisse le gâteau dans le four à mi-hauteur et laisse-le cuire environ 25 minutes, jusqu'à ce qu'il soit bien doré.

7. Sors le moule du four et laisse reposer 10 minutes. Coupe le gâteau en carrés. Laisse-les dans le moule, le temps qu'ils refroidissent.

Utilise du chocolat noir ou blanc pour cette recette.

Gâteau au chocolat réfrigéré

Pour 12 parts

100 g de chocolat noir
ou 100 g de chocolat blanc
100 g de beurre ou de margarine
5 cuillerées à soupe de miel liquide
225 g de petits-beurre
2 cuillerées à soupe de raisins secs
2 cuillerées à soupe de noisettes hachées
2 c. à soupe de cerises confites en morceaux

un moule rond de 20 cm

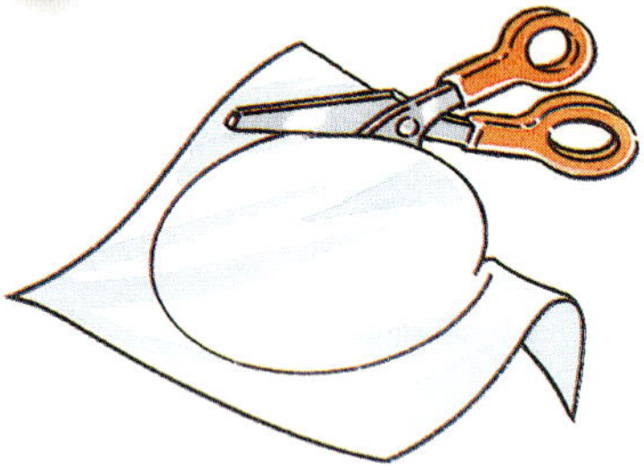

1. Pose le moule à gâteau sur du papier sulfurisé et trace le contour. Découpe le cercle juste à l'intérieur de la ligne.

Regarde page 3 comment graisser un moule.

2. Graisse bien le moule. Glisses-y le cercle en papier que tu viens de découper et graisse-le à son tour.

3. Casse le chocolat en morceaux et mets-les dans une casserole. Ajoute le beurre ou la margarine, ainsi que le miel.

4. Mets la casserole sur feu doux et laisse fondre le mélange. Tourne de temps en temps. Éteins lorsqu'il a fondu.

5. Casse les biscuits en morceaux dans un saladier et réduis-les en miettes avec l'extrémité d'un rouleau à pâtisserie.

6. Ajoute les raisins, les cerises confites et les noisettes dans le saladier. Verse le chocolat fondu et tourne bien.

7. Verse cette préparation dans le moule. Tasse-la bien, puis égalise le dessus avec le dos d'une cuiller métallique.

8. Laisse le moule au réfrigérateur toute la nuit. Le lendemain, démoule le gâteau, enlève le papier et découpe les parts.

Macarons

Pour 12 macarons

3 gros oeufs
12 amandes émondées entières
75 g de sucre en poudre
100 g d'amandes en poudre
25 g de semoule de riz
quelques gouttes d'extrait d'amandes

1. Préchauffe le four à 150 °C, thermostat 5. Tapisse deux plaques à pâtisserie de papier de riz ou de papier siliconé.

Si tu ne disposes ni de papier de riz ni de papier siliconé, tapisse les plaques de papier sulfurisé. Beurre-le légèrement.

2. Casse l'oeuf sur le bord d'un bol. Tiens-le au-dessus d'une soucoupe et sépare les deux moitiés : l'oeuf tombe sur la soucoupe.

3. Retourne un coquetier sur le jaune d'oeuf et verse le blanc dans un saladier. Répète l'opération avec les autres oeufs.

4. Verse les amandes dans les blancs d'oeuf, puis ressors-les à l'aide d'une cuiller. Dépose-les sur une assiette et laisse-les de côté.

5. Bats les blancs en neige (voir conseil, page 29). Cesse de battre lorsque les blancs sont fermes et collent au fouet.

6. Ajoute les amandes en poudre, le sucre, l'extrait ainsi que la semoule de riz. Incorpore-les doucement en soulevant la cuiller.

7. Dépose une bonne cuillerée à café sur le papier qui tapisse la plaque et aplatis légèrement avec le dos de la cuiller.

Les macarons s'étalent en cuisant.

8. Procède de même avec le reste de la préparation, en espaçant les macarons. Garnis chacun d'une amande.

9. Fais cuire les macarons 25 à 30 minutes, jusqu'à ce qu'ils soient légèrement dorés. Laisse-les 5 minutes sur les plaques.

Tu peux manger le papier de riz à la base du macaron.

10. Laisse refroidir les macarons sur une grille. Si tu as utilisé du papier de riz, enlève l'excédent autour de chaque macaron.

Petits gâteaux

Pour 12 gâteaux

225 g de farine avec poudre levante incorporée
100 g de beurre ou de margarine
100 g de sucre en poudre
1 oeuf
1 cuillerée à soupe de lait
50 g de confiture de framboises

Rien ne t'oblige à utiliser de la confiture de framboises : essaie différents parfums, comme l'abricot ou le cassis.

1. Préchauffe le four à 200 °C, thermostat 6-7. Beurre deux plaques et farine-les. Secoue-les pour répandre la farine, puis enlève l'excédent.

2. Tamise la farine au-dessus d'un saladier. Coupe le beurre ou la margarine en petits morceaux et ajoute-les à la farine.

3. Avec les doigts, incorpore le beurre ou la margarine dans la farine : le résultat doit ressembler à de la chapelure (voir page 5). Ajoute le sucre.

4. Casse l'oeuf dans un bol et ajoute le lait. Bats bien et incorpore ce mélange à la préparation contenue dans le saladier pour faire une pâte.

5. Farine un plan de travail propre. Avec la pâte, forme une boule qui se tient, puis dépose celle-ci sur ton plan de travail.

6. Coupe d'abord la boule en quatre. Puis coupe chaque quart en trois. Tu obtiens ainsi douze parts à peu près égales.

7. Façonne chaque morceau en couronne et dispose l'ensemble sur les plaques. Creuse un puits dans chaque gâteau et remplis-le de confiture.

Ne les mange pas tant qu'ils sont chauds. La confiture est brûlante.

8. Passe les gâteaux au four 10 minutes. Une fois cuits, ils seront gonflés et dorés. Transfère-les un à un sur une grille et laisse refroidir avant de déguster.

Profiteroles

Pour 18 choux

150 ml d'eau froide
1 cuillerée à café de sucre en poudre
50 g de beurre
60 g de farine
2 oeufs

Pour garnir :

250 ml de crème fraîche
100 g de sucre glace

Pour le glaçage :

225 g de chocolat noir

1. Préchauffe ton four à 200 °C, thermostat 6-7. Graisse deux plaques à pâtisserie avec de la margarine.

2. Passe chaque plaque sous le robinet d'eau froide. Secoue-la bien pour la débarrasser de toutes les gouttes d'eau.

3. Pose un tamis au-dessus d'un saladier et verse la farine. Tamise-la. Mets-la de côté : tu en auras besoin plus tard.

4. Verse l'eau, le sucre et le beurre dans une grande casserole. Règle sur feu moyen pour faire fondre le beurre.

5. Aussitôt que le beurre a fondu, augmente le feu pour porter la préparation à ébullition. Dès qu'elle bout, éteins le feu.

6. Sans attendre, ajoute toute la farine d'un coup à la préparation et mélange vigoureusement avec une cuillère en bois.

7. Continue à battre jusqu'à ce que le mélange forme une boule de pâte lisse qui se détache de la casserole.

8. Casse les oeufs dans un bol et bats-les. Verse petit à petit sur la préparation en battant le mélange chaque fois que tu verses.

9. Prends une cuillerée à café de pâte par chou et dispose sur les plaques. Espace bien les choux : ils gonflent à la cuisson.

Fais une entaille dans chaque chou pour libérer la vapeur.

10. Fais-les dorer au four environ 25 à 30 minutes. Fais une entaille dans chaque chou, puis laisse refroidir sur une grille.

11. Fouette la crème avec le sucre jusqu'à ce qu'elle soit ferme. Coupe les choux en deux, garnis d'une cuillerée à café de crème et referme.

12. Casse le chocolat en morceaux et fais-le fondre dans un saladier placé dans une casserole d'eau chaude (voir page 5).

13. Avec une petite cuiller, recouvre soigneusement les choux de chocolat fondu. Laisse durcir le chocolat.

Scones

Pour 16 scones

225 g de farine avec poudre levante incorporée
1 cuillerée à café de levure chimique
1 pincée de sel
50 g de beurre ou de margarine
25 g de sucre en poudre
125 ml de lait
un peu de lait pour dorer

un emporte-pièce dentelé de 6 ou 7 cm

Tu peux également faire des scones aux fruits : à l'étape 3, ajoute (en même temps que le sucre) 50 g de raisins secs, de cerises confites ou de dattes coupées en dés.

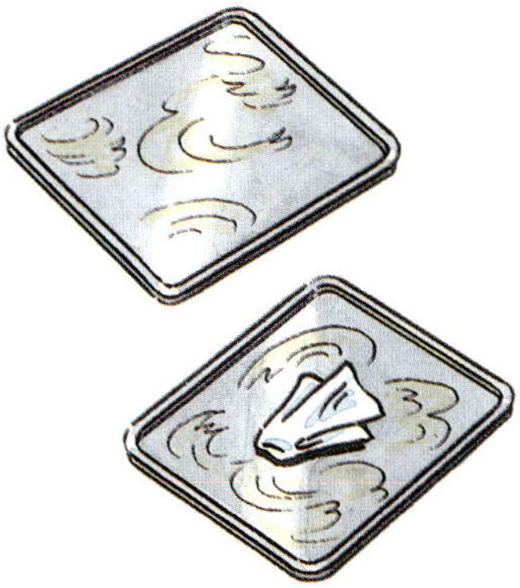

1. Préchauffe le four à 230 °C, thermostat 7-8. Graisse deux plaques à pâtisserie avec du beurre ou de la margarine.

2. Tamise la farine, la levure et le sel au-dessus d'un saladier. Coupe le beurre ou la margarine en dés et ajoute-les.

3. Incorpore le beurre ou la margarine à la farine jusqu'à ce que le mélange ressemble à de la chapelure. Ajoute sucre et lait.

4. Avec un couteau à bout rond, mélange la préparation pour obtenir une pâte malléable. Pétris-la jusqu'à ce qu'elle soit lisse.

5. Farine une partie de ton plan de travail et déposes-y la pâte. Étale-la. Elle doit faire 1 cm d'épaisseur.

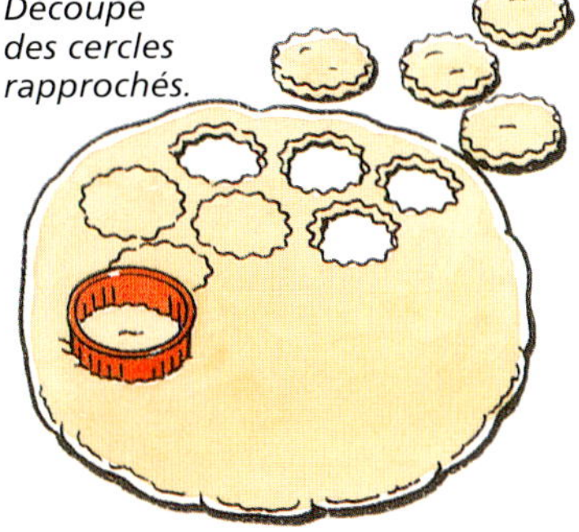

6. Découpe des cercles de pâte avec l'emporte-pièce. Fais une boule avec les chutes. Étale de nouveau. Découpe d'autres cercles.

7. Dispose tous les cercles sur les deux plaques en prenant soin de bien les espacer. Puis badigeonne-les de lait.

8. Fais cuire les scones dans le haut du four 7 à 10 minutes. Lorsqu'ils sont dorés et bien gonflés, mets-les à refroidir sur une grille.

Carrés au fromage blanc

Pour 15 carrés
225 g de farine
100 g de beurre
1 cuillerée à soupe de sucre en poudre
2 cuillerées à soupe d'eau
un moule de 27 x 18 x 2,5 cm

Pour garnir : 150 ml de crème fraîche
225 g de fromage blanc à la faisselle, de ricotta ou de petits suisses nature
50 g de sucre en poudre
1 citron
3 oeufs
50 g de raisins secs

1. Trace le contour du moule sur du papier sulfurisé. Découpe-le. Beurre le moule et mets en place le papier sulfurisé.

Le mélange doit ressembler à de la chapelure.

2. Préchauffe ton four à 200 °C, thermostat 6-7. Tamise la farine. Coupe le beurre en dés et incorpore-le (voir page 5).

3. Ajoute le sucre, puis l'eau, et mélange jusqu'à obtenir une pâte malléable qui se décolle des parois du saladier.

4. Dispose la pâte dans le moule et étale-la avec les doigts pour recouvrir entièrement le fond, jusque dans les coins.

5. Pique la pâte avec une fourchette. Glisse au four et fais dorer 10 minutes. Puis réduis la température à 160 °C, thermostat 5.

Bats bien le mélange : il doit être lisse

6. Verse la crème, le fromage blanc et le sucre dans un saladier. Râpe le zeste du citron et ajoute-le. Mélange bien.

7. Sépare le blanc d'oeuf des jaunes (page 4). Verse les blancs dans un saladier. Ajoute les jaunes à la préparation et bats bien.

Remue délicatement en soulevant le mélange.

8. Monte les blancs en neige (voir page suivante). Avec une cuiller en métal, incorpore-les délicatement à la préparation (page 39).

9. Dispose les raisins sur la pâte et verse la préparation aux oeufs par-dessus. Fais cuire 45 à 50 minutes : le gâteau sera bien doré.

Monter les blancs en neige

1. Sépare les blancs des jaunes et verse-les dans un saladier propre et sec. Il ne doit pas y avoir de jaune d'oeuf dans le saladier.

2. Tiens le saladier d'une main et effectue un mouvement régulier avec le fouet. Les oeufs vont blanchir et mousser.

3. Continue à fouetter les blancs jusqu'à ce qu'ils raffermissent et forment des pics entre les branches du fouet.

Brownies

Pour 15 brownies

175 g de margarine
350 g de sucre en poudre
1 cuillerée à café d'extrait de vanille
3 oeufs
100 g de farine
1 cuillerée à café de levure chimique
75 g de cacao en poudre
175 g de cerneaux de noix ou de noix de pécan

un moule rectangulaire de 30 x 22 x 2,5 cm

1. Pose ton moule sur une feuille de papier sulfurisé. Trace le contour et découpe à l'intérieur de la ligne obtenue.

2. Beurre le moule. Pose le papier sulfurisé dans le moule et beurre-le. Préchauffe le four à 180 °C, thermostat 6.

3. Mets la margarine dans une casserole et fais-la fondre à feu doux. Verse dans un saladier. Ajoute le sucre et la vanille.

Bats la préparation chaque fois que tu verses.

4. Casse les oeufs dans un bol et bats-les. Verse-les petit à petit dans le saladier en mélangeant bien à chaque fois.

5. Tamise la farine au-dessus du saladier puis ajoute la levure chimique ainsi que le cacao. Mélange bien le tout.

6. Place les noix sur une planche à découper et hache-les. Ajoute-les à la préparation et tourne bien encore une fois.

7. Verse la préparation dans le moule et égalise la surface avec le dos d'une cuiller. Fais cuire environ 40 minutes.

8. Les brownies sont prêts une fois que la pâte est gonflée et croustillante à la surface. L'intérieur reste moelleux.

Détache-les à l'aide d'une pelle à tarte ou d'une spatule.

9. Laisse reposer les gâteaux 5 minutes dans le moule, puis découpe en quinze carrés. Laisse-les refroidir sur une grille.

Carrés aux noix

Pour 12 carrés

Pour le fond : 175 g de beurre ou de margarine
75 g de sucre glace
225 g de farine

Pour garnir : 75 g de beurre ou de margarine
2 cuillerées à soupe de miel liquide
2 cuillerées à soupe de lait
1 cuillerée à café d'extrait de vanille
50 g de cassonade
2 oeufs
100 g de noix ou de noix de pécan
un moule rectangulaire de 27 x 18 x 2,5 cm

1. Place ton moule sur un morceau de papier sulfurisé. Trace le contour et découpe à l'intérieur de la ligne obtenue.

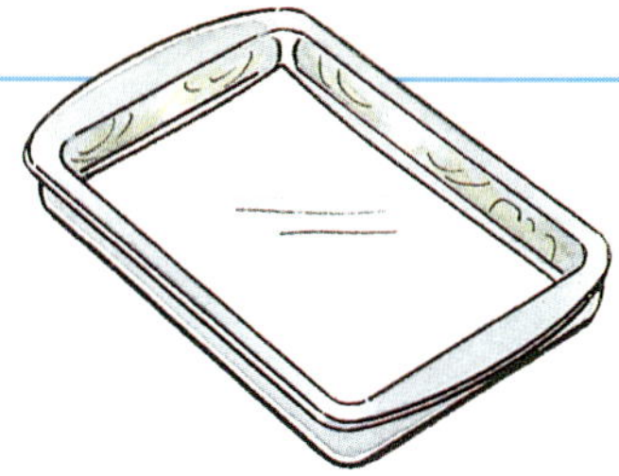

2. Beurre le moule. Tapisse le fond du moule avec le papier. Aplatis-le bien. Préchauffe le four à 180 °C, thermostat 6.

3. Pour le fond, mets le beurre ou la margarine dans un saladier, ajoute le sucre et bats jusqu'à obtenir une crème légère.

4. Tamise la farine au-dessus du saladier et mélange. Farine un plan de travail propre et pose la pâte dessus.

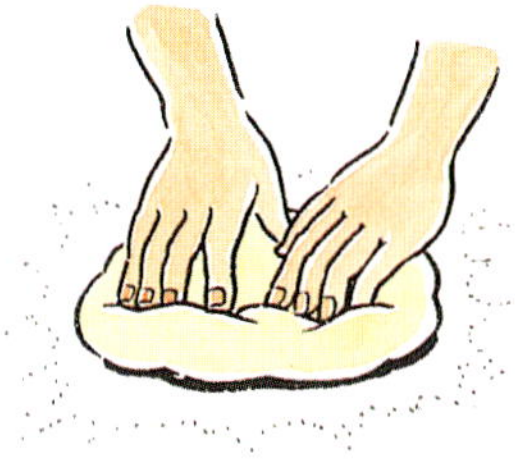

5. Appuie sur la pâte avec les doigts, plie-la en deux, puis répète l'opération. Pétris ainsi pendant une minute.

6. Étale la pâte sur le fond du moule avec le dos d'une cuiller. Fais cuire environ 15 minutes ou jusqu'à ce que la pâte soit bien dorée.

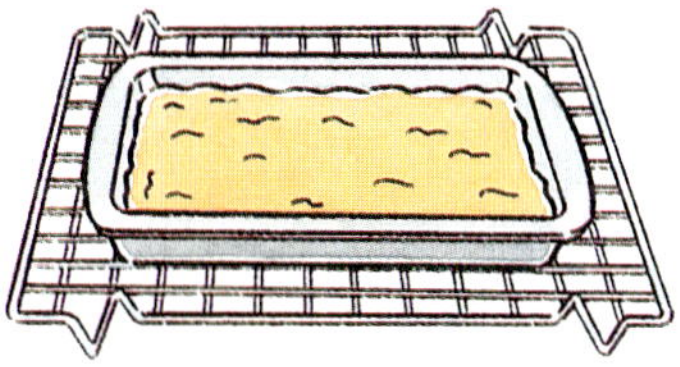

7. Lorsque le fond est cuit, mets-le à tiédir sur une grille, sans le démouler. Prépare la garniture pendant qu'il refroidit.

8. Fais fondre le beurre ou la margarine dans une casserole, à feu doux. Ajoute miel, sucre, lait et vanille, puis mélange bien.

9. Casse les oeufs dans un bol et bats-les bien. Retire la casserole du feu et incorpore les oeufs battus à la préparation.

10. Verse ensuite la garniture sur le fond de tarte et parsème de noix. Fais cuire au four pendant environ 25 minutes.

11. Lorsque le gâteau est cuit, la garniture doit être bien dorée, mais moelleuse à l'intérieur. Laisse refroidir dans le moule.

12. Découpe douze carrés comme ceci : coupe d'abord deux fois dans la longueur, puis trois fois dans la largeur.

Gâteau aux bananes

Pour 9 parts

100 g de beurre ou de margarine
100 g de cassonade
2 oeufs
2 bananes mûres
100 g de farine avec poudre levante incorporée
1 c. à café de levure chimique
100 g de noisettes hachées

un moule carré de 20 cm

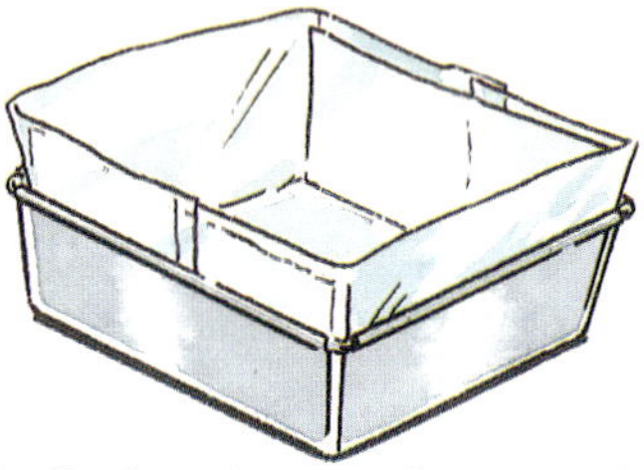

1. Graisse le moule avec du beurre ou de la margarine. Suis bien les instructions de la page 35 pour le tapisser de papier sulfurisé.

2. Préchauffe le four à 190 °C, thermostat 6. Mets la margarine ou le beurre dans un saladier. Ajoute le sucre.

3. Avec une cuillère en bois, mélange bien ces ingrédients jusqu'à ce que tu obtiennes une crème lisse et légère.

4. Casse avec précaution les oeufs dans un bol et bats-les bien à l'aide d'un fouet ou d'une fourchette (voir page 4).

5. Ajoute petit à petit l'oeuf battu à la préparation crémeuse. Bats le mélange chaque fois que tu ajoutes de l'oeuf.

6. Épluche les bananes. Coupe-les en rondelles épaisses, mets-les dans un saladier et écrase-les avec le dos d'une fourchette.

7. Incorpore la purée de banane à la préparation. Place un tamis au-dessus du saladier et tamise la farine et la levure.

8. Pour bien incorporer la farine, retourne plusieurs fois doucement la préparation à l'aide d'une cuillère en métal.

9. Verse la préparation dans ton moule. Parsème de noisettes hachées et fais cuire au four environ 20 à 25 minutes.

10. Appuie sur le gâteau pour tester la cuisson. Si la marque du doigt subsiste, ce n'est pas cuit. Laisse refroidir 5 minutes.

11. En tenant le papier sulfurisé, sors le gâteau du moule et laisse-le refroidir sur une grille. Découpe des parts... et déguste !

Préparer le moule

Place ton moule sur un morceau de papier sulfurisé plus grand que le moule.

Avec un crayon, trace le plus précisément possible le contour du moule. Enlève le moule.

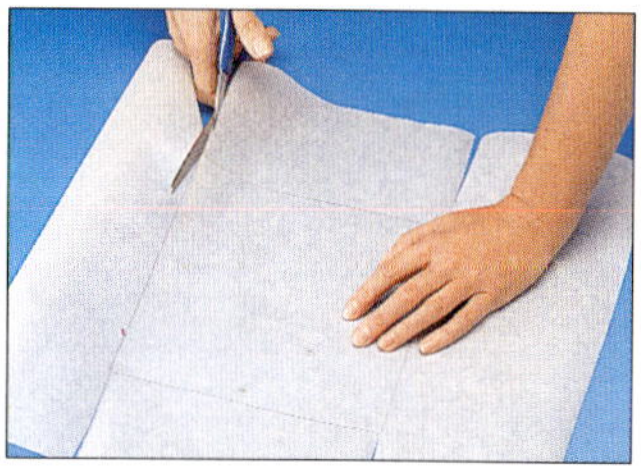

Fais une entaille jusqu'à chacun des coins du carré. Plie les rabats le long des lignes.

Beurre le moule. Mets le papier à l'intérieur. Coupe ce qui dépasse en laissant un bord.

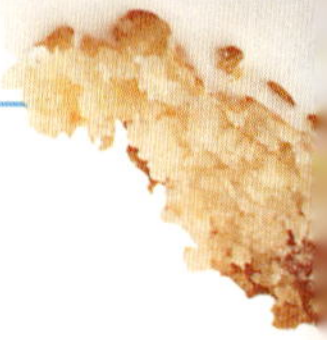

Dominos multicolores

Pour 18 dominos et deux sortes de glaçage
Pour les dominos : 275 g de farine avec poudre levante incorporée
225 g de margarine ramollie
4 cuillerées à soupe de lait
1 cuillerée à café rase de levure chimique
225 g de sucre en poudre
2-3 gouttes d'extrait de vanille
4 oeufs

Pour le glaçage simple :
225 g de sucre glace
environ 2 cuillerées à soupe d'eau
Pour le glaçage au beurre :
75 g de beurre mou
150 g de sucre glace
1 cuillerée à café d'extrait de vanille

Pour décorer : des petits bonbons
un moule de 33 x 25 cm

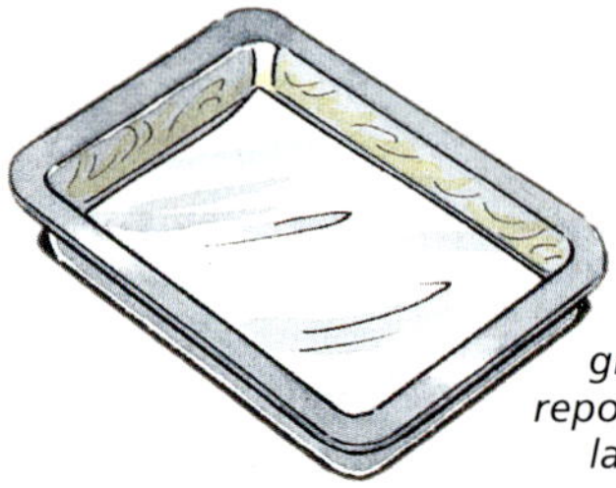

Pour le graissage, reporte-toi à la page 3.

1. Graisse le moule. Trace son contour sur du papier sulfurisé. Découpe le rectangle et place-le dans le moule.

2. Préchauffe le four à 180 °C, thermostat 6. Pendant ce temps, tamise la farine au-dessus d'un saladier.

Utilise une cuiller en bois.

3. Ajoute la margarine, le lait, la levure, le sucre et la vanille. Casse les oeufs dans un bol, puis ajoute-les. Mélange bien.

Laisse refroidir dans le moule.

4. Verse la préparation dans le moule et égalise la surface. Fais cuire 40 à 45 minutes, jusqu'à ce que le gâteau soit ferme.

5. Prépare le glaçage quand le gâteau est froid. Pour le glaçage simple : tamise le sucre glace, ajoute un peu d'eau et mélange.

Rajoute un peu d'eau et mélange. Continue ainsi jusqu'à ce que le glaçage enrobe le dos de la cuiller (il doit couler).

Pour le glaçage au beurre : bats le beurre dans un saladier, il doit être crémeux. Ajoute sucre glace tamisé et vanille, mélange.

6. Démoule le gâteau et nappe-le de glaçage. Coupe le gâteau en carrés et décore-les avant que le glaçage durcisse.

Variantes

À la cerise et à la noix de coco : ajoute 175 g de cerises confites coupées en morceaux et 75 g de noix de coco râpée à l'étape 3.

Au chocolat : ajoute deux cuillerées à soupe de cacao en poudre à l'étape 3. Supprime l'extrait de vanille.

Au citron : râpe le zeste de deux citrons et ajoute-le à la préparation à l'étape 3. Supprime la vanille.

Gâteau marbré

Pour environ 8 tranches

225 g de beurre ou de margarine
225 g de sucre en poudre
225 g de farine avec poudre levante incorporée
4 oeufs
1 orange
2 cuillerées à soupe de cacao
un moule à cake de 20,5 x 12,5 x 8 cm

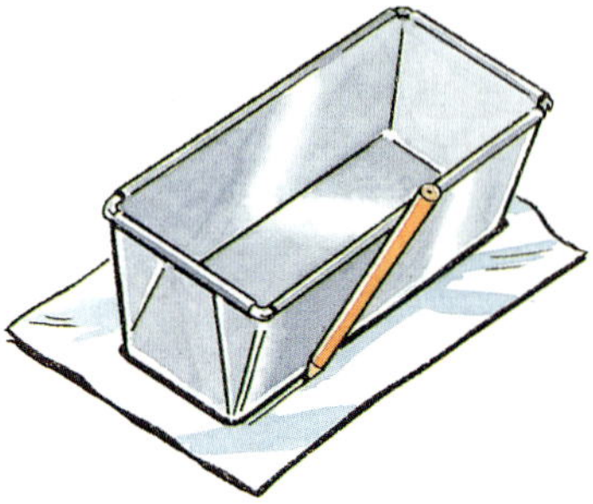

1. Place le moule à cake sur du papier sulfurisé et trace le contour. Découpe le rectangle à l'intérieur de la ligne.

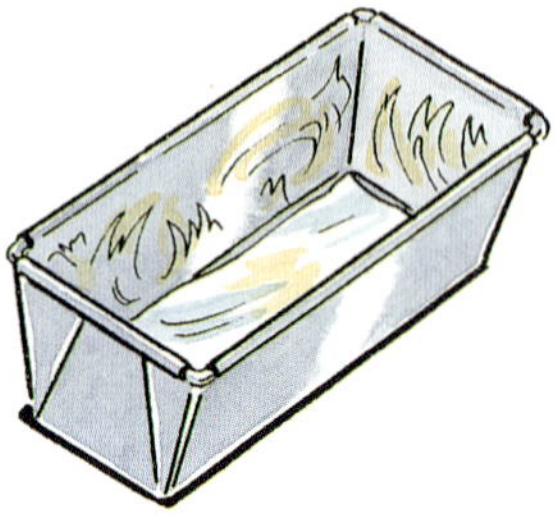

2. Beurre l'intérieur du moule, puis tapisse le fond avec le papier. Préchauffe ensuite le four à 180 °C, thermostat 6.

3. Mets le beurre ou la margarine dans un saladier, ainsi que le sucre. Bats bien, jusqu'à obtenir un mélange crémeux.

Mélange bien chaque fois que tu ajoutes de l'œuf.

4. Casse les oeufs dans un petit bol et bats-les. Incorpore ensuite petit à petit l'oeuf battu dans le mélange crémeux.

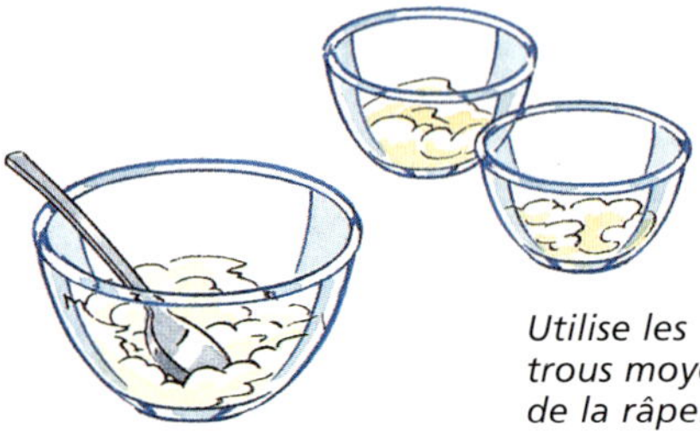

5. Tamise la farine, puis incorpore-la délicatement avec une cuiller métallique. Répartis la préparation dans deux jattes.

Utilise les trous moyens de la râpe.

6. Râpe le zeste de l'orange. Prends soin de ne pas râper la partie blanche de l'écorce, car elle est amère.

7. Ajoute le zeste d'orange dans une jatte, et le cacao dans l'autre. Mélange bien le contenu de chaque jatte avec une cuillère propre.

8. À tour de rôle, verse une cuillerée de chaque préparation dans le moule. Dessine la marbrure avec un couteau. Lisse le dessus.

9. Fais cuire le gâteau une heure et 20 minutes. Il doit être bien gonflé et ferme lorsque tu appuies dessus avec le doigt.

Tu découvriras la marbrure en coupant le gâteau.

10. Laisse le gâteau tiédir 10 minutes, puis démoule-le sur une grille. Lorsqu'il est froid, coupe-le en tranches.

Incorporer un ingrédient à la préparation

Tiens une cuiller métallique de côté, enfonce-la dans la préparation et retourne délicatement le mélange. Répète plusieurs fois.

Recommence jusqu'à ce que l'ingrédient soit bien incorporé. Cela donne une préparation très légère.

Gâteau au citron

Pour environ 12 parts

1 citron
175 g de farine avec poudre levante incorporée
1 cuillerée à café de levure chimique
3 oeufs
175 g de margarine ramollie
175 g de sucre en poudre

Pour la crème : 2 oeufs
75 g de sucre en poudre
1 citron
50 g de beurre

Pour le glaçage :
1 citron
100 g de sucre glace

deux moules à manqué ronds de 18 cm

Préchauffe le four à 180 °C, thermostat 6.

Tapisse le fond de chaque moule.

1. Préchauffe le four. Trace le contour des moules sur du papier sulfurisé, puis découpe les cercles. Beurre les moules.

Utilise les trous moyens de la râpe.

2. Râpe le zeste du citron, puis coupe le fruit en deux. Presse-le pour en extraire le jus (il te faut un presse-citron).

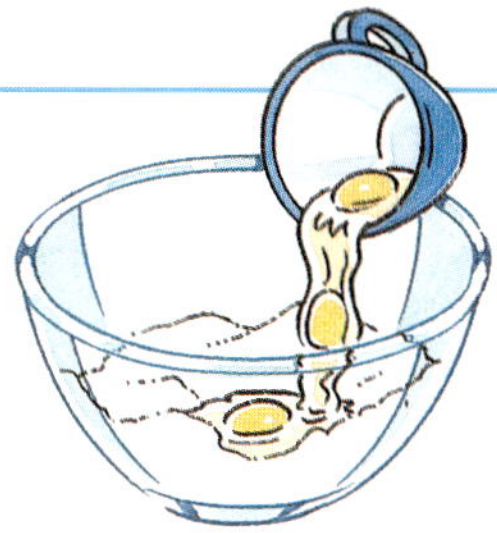

3. Tamise farine et levure au-dessus d'un saladier. Casse les oeufs dans une tasse et incorpore-les, ainsi que la margarine et le sucre.

Égalise la surface avec une cuiller.

4. Mélange bien le contenu du saladier, puis ajoute le zeste et le jus de citron. Répartis le mélange dans les deux moules.

5. Fais cuire les gâteaux 25 minutes, jusqu'à ce qu'ils soient fermes au toucher. Laisse-les refroidir sur une grille.

6. Pendant ce temps, prépare la crème. Casse les oeufs dans un saladier résistant à la chaleur et ajoute le sucre.

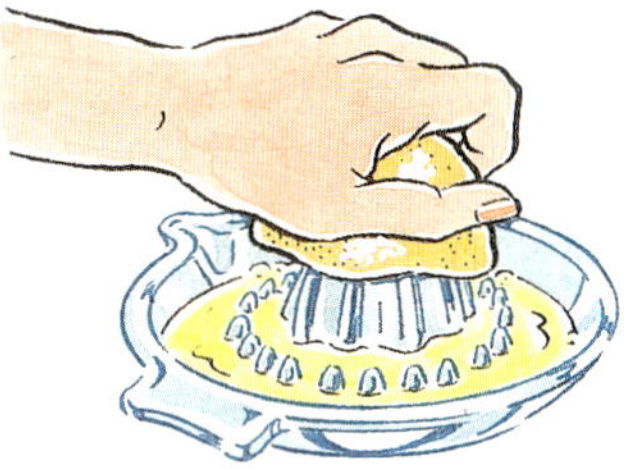

7. Ajoute le zeste et le jus de l'autre citron. Coupe le beurre en petits morceaux et mets-les également dans le saladier.

Enfile des gants isolants.

8. Verse de l'eau dans une casserole et fais-la chauffer jusqu'à ce qu'elle frémisse. Place le saladier dans la casserole.

Compte 20 minutes.

9. Tourne la crème de temps en temps, à mesure qu'elle épaissit. Quand elle enrobe le dos d'une cuiller sans couler, retire du feu.

Laisse refroidir la crème.

10. Étale la crème sur un des gâteaux. Recouvre avec l'autre. Ne t'inquiète pas si un peu de crème coule sur les côtés.

Cet ustensile râpe le zeste en longues lamelles.

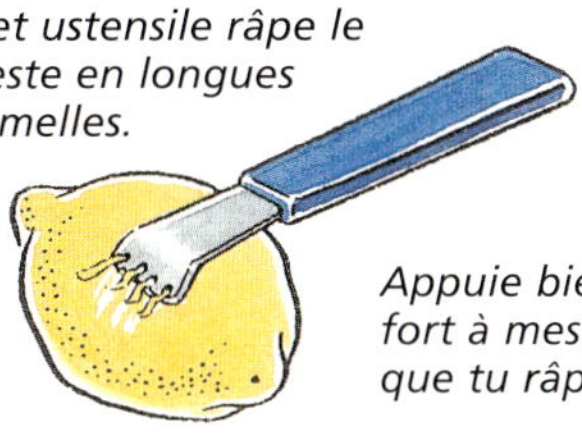

Appuie bien fort à mesure que tu râpes.

11. Râpe un peu du zeste du dernier citron, ou prépare des lamelles de zeste avec un ustensile spécial. Mets de côté.

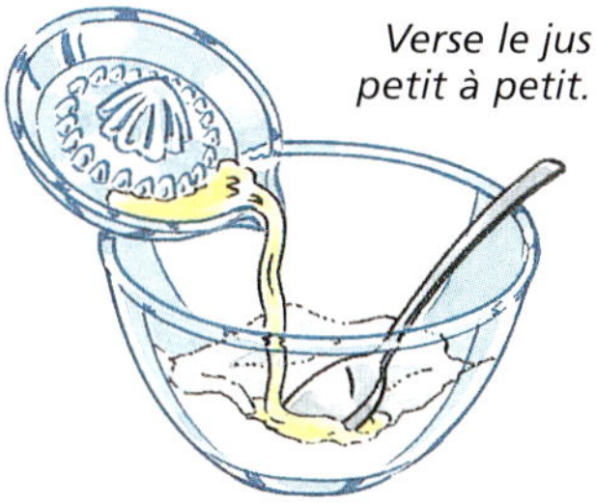

Verse le jus petit à petit.

12. Presse une moitié de citron. Tamise le sucre glace. Ajoute le jus : le glaçage ressemble à de la colle. Nappe le gâteau.

Gâteau aux pommes

Pour environ 12 parts

175 g de farine complète
175 g de sucre en poudre
3 cuillerées à café de levure chimique
3 oeufs
175 g de margarine ramollie
1 bonne cuillerée à café de cannelle en poudre
50 g de noisettes hachées
1 pomme d'environ 250 g
du sucre roux à saupoudrer sur le gâteau
un moule rond de 20 cm à fond amovible

1. Place le moule sur du papier sulfurisé. Trace le contour du fond du moule, puis découpe le cercle ainsi obtenu.

2. Graisse le moule avec de la margarine, puis tapisse le fond avec le cercle de papier. Préchauffe le four à 170 °C, thermostat 6.

3. Tamise la farine au-dessus d'un saladier et vide dedans les grumeaux qui subsistent. Ajoute le sucre en poudre et la levure.

Ce gâteau est délicieux si tu le manges lorsqu'il est encore tiède.

4. Casse les oeufs dans un bol, puis verse-les dans le saladier avec la margarine, la cannelle ainsi que la moitié des noisettes.

5. Avec une cuillère en bois, mélange bien tous les ingrédients. Verse la préparation dans le moule et égalise la surface.

6. Épluche la pomme, coupe-la en quartiers, ôte le trognon. Fais des tranches fines, pose sur la pâte en cercles qui se chevauchent.

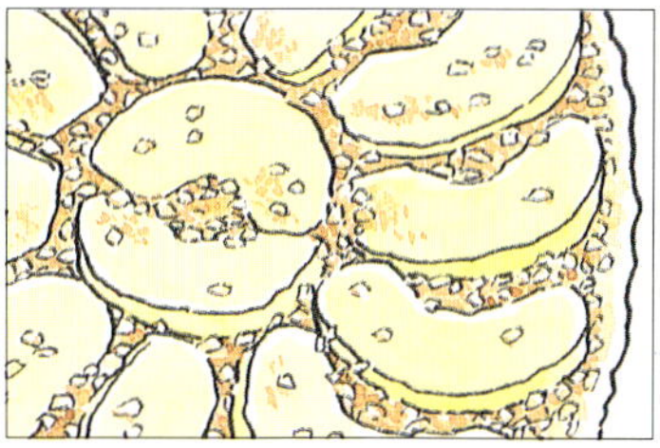

7. Saupoudre les pommes de noisettes et d'une cuillerée à soupe de sucre roux. Fais cuire le gâteau une heure, jusqu'à ce qu'il soit ferme.

Mets-le à refroidir sur une grille.

8. Laisse reposer le gâteau pendant une dizaine de minutes avant de le démouler. Laisse refroidir. Mange-le tiède.

Éplucher une pomme

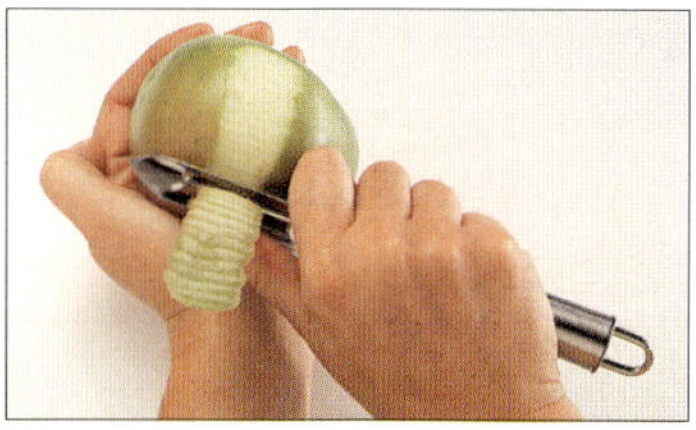

Tiens la pomme d'une main. Tire l'éplucheur vers toi à plusieurs reprises pour enlever la peau.

Cake à l'abricot et à l'orange

Pour environ 8 tranches

100 g d'abricots secs
1 orange
100 g de farine avec poudre levante incorporée
100 g de margarine ramollie
100 g de cassonade
2 oeufs

Pour le glaçage :
100 g de sucre glace
2 cuillerées à soupe de jus d'orange

un moule à cake de 20,5 x 12,5 x 8 cm

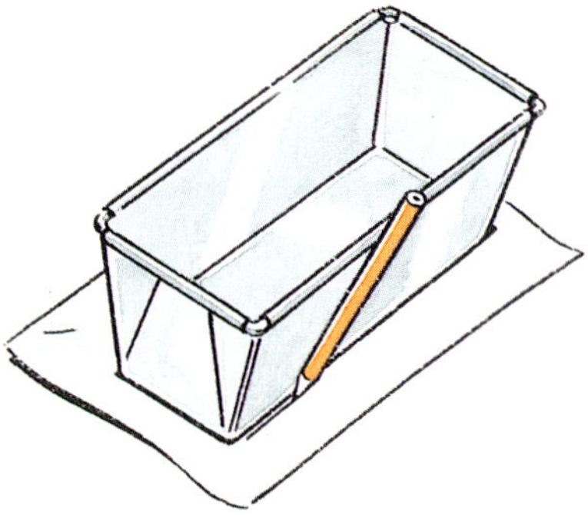

1. Place le moule sur du papier sulfurisé. Trace le contour du fond du moule et découpe le rectangle ainsi obtenu.

2. Graisse le moule avec de la margarine et tapisse le fond avec le papier. Préchauffe le four à 180 °C, thermostat 6.

3. Prends des ciseaux et coupe les abricots secs en petits morceaux au-dessus d'un grand saladier.

Utilise les trous moyens de ta râpe.

4. Râpe ensuite le zeste de l'orange, mais pas la partie blanche de l'écorce. Avec un couteau, fais tomber le zeste dans le saladier.

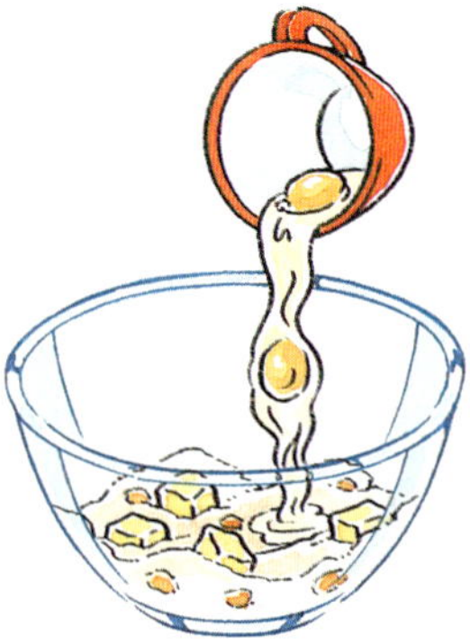

5. Tamise la farine au-dessus du saladier. Ajoute margarine et cassonade. Casse les oeufs dans une tasse, puis ajoute-les.

Incline légèrement le saladier lorsque tu bats.

6. Pose le saladier sur un torchon humide et, avec une cuillère en bois, bats bien la préparation jusqu'à ce qu'elle soit légère.

7. Verse la préparation dans le moule à cake et égalise la surface avec le dos de la cuillère. Mets au four.

8. Fais cuire environ 40 minutes : le gâteau doit être gonflé et doré. Attends quelques minutes et démoule sur une grille.

Une fois que le gâteau a refroidi, nappe-le de glaçage.

9. Tamise le sucre glace. Incorpore peu à peu le jus d'orange jusqu'à ce que le mélange ressemble à de la colle liquide.

Toile d'araignée au chocolat

Pour environ 10 parts

2 bonnes cuillerées à soupe de cacao
4 cuillerées à soupe d'eau chaude
225 g de margarine ramollie
225 g de sucre en poudre
4 oeufs
175 g de farine avec poudre levante incorporée
1 cuillerée à café rase de levure chimique
50 g de semoule de riz

Pour le glaçage :
225 g de chocolat noir
50 g de chocolat blanc
100 g de beurre

deux moules ronds de 20 cm

Autre décoration possible : dessine des lignes droites puis étire-les en travers à l'aide d'une brochette.

Les cercles de papier doivent être bien à plat.

1. Trace le contour des moules sur du papier sulfurisé. Découpe les cercles. Beurre les moules et glisses-y les cercles.

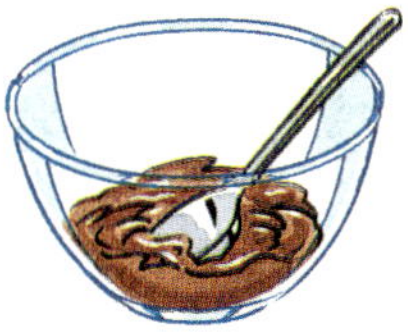

2. Préchauffe le four à 180 °C, thermostat 6. Verse le cacao dans un bol, délaye avec de l'eau chaude : tu obtiens un mélange lisse.

3. Mets la margarine, le sucre, les oeufs, la farine, la levure et la semoule de riz dans un saladier. Mélange et ajoute le cacao délayé.

Lisse avec une cuiller.

4. Verse la moitié de la préparation dans chaque moule. Cuis les gâteaux 25 minutes : ils vont gonfler. Démoule sur une grille.

5. Glaçage : fais fondre le chocolat noir dans une casserole d'eau chaude (page 5). Ajoute le beurre coupé en dés, mélange.

6. Garnis un gâteau de glaçage sur son côté plat. Recouvre-le avec l'autre gâteau. Nappe le dessus et les côtés du glaçage restant.

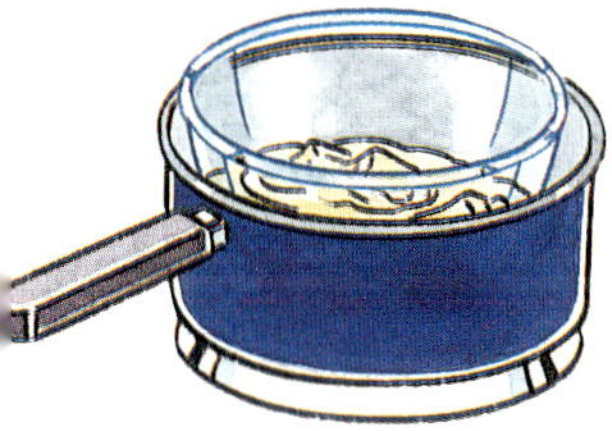

7. Casse le chocolat blanc dans un bol résistant à la chaleur. Fais-le fondre dans une casserole d'eau chaude en remuant.

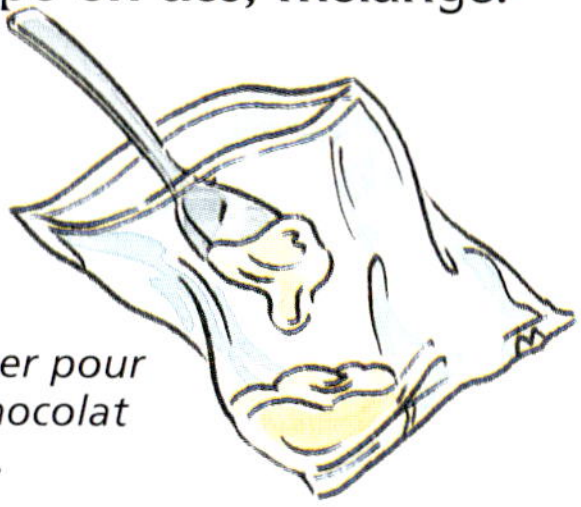

Fais-toi aider pour verser le chocolat dans le sac.

8. Laisse reposer 5 minutes, puis prends deux petits sacs de congélation et glisse-les l'un dans l'autre. Verses-y le chocolat.

9. Tiens le sac au-dessus d'une assiette et coupe un petit coin. Attention : le chocolat risque de se mettre à couler tout de suite.

Redresse le sac en passant d'un cercle à l'autre pour que le chocolat ne dégouline pas.

10. Apppuie légèrement sur le sac pour dessiner un cercle au milieu du gâteau. Trace d'autres cercles autour.

11. Place une brochette ou un couteau au centre du gâteau et fais une traînée en travers, jusqu'au bord. Recommence plusieurs fois.

Index

Imprimé à Dubaï.